AF607426
AVERSO

EL LUJO DE LOS POETAS POBRES

(POEMAS INÉDITOS)

VALERIU STANCU

Número 56 de la Colección **AVERSO POESÍA**

El lujo de los poetas pobres

Edición al cuidado de Averso Poesía
www.aversopoesia.com

hola@aversopoesia.com

Primera edición: marzo de 2026
ISBN: 979-13-990991-8-8
Depósito Legal: GR 257-2026

Impreso en España - *Printed in Spain*

El papel utilizado para la impresión de este libro está calificado como papel ecológico y procede de bosques gestionados de manera sostenible.

EL LUJO DE LOS POETAS POBRES

VALERIU STANCU

Traducción
Nathalie Bittoun-Debruyne
Josep M. Sala-Valldaura

A MODO DE ENTRADA

Pese a la célebre afirmación de Robert Frost, según la cual «poesía es eso que se pierde en la traducción», resulta indudable el enriquecimiento cultural que supone transvasar los sentires y las palabras de los poetas de otras lenguas. No será tan universal como la música y acaso no sea tarea fácil, pero la poesía consigue traspasar fronteras, porque en último término quienes la escriben y quienes la leen no son tan distintos, pues unos y otros, aquí y allá, ayer y hoy, compartimos deseos, placeres y dolores. Por otro lado, en todos los idiomas las palabras saben encontrar esas galerías comunes en cualquier ser humano y respiran de acuerdo con el compás de nuestras alegrías y tristezas. Si la traducción halla la buena senda, logra encontrar una respiración semejante a la del texto original, salvando las distancias de tiempo y espacio. Al fin y al cabo, traducir poesía es como tejer muy despacio: pasar de un lado a otro, de una lengua a otra, a la vez que se urden los hilos (cadencias, conceptos, imágenes...) que aseguren la solidez de la trama al entrecruzarse.

Acercar al castellano a Valeriu Stancu (Iaşi, 1950) se beneficia, además, de que los avatares históricopolíticos de Rumania no nos resultan ajenos. Cuando, para explicar la poesía de aquel país durante la dictadura de Ceaucescu, ejecutado en diciembre de 1989, Ion Pop nos habla de la resistencia a través de la cultura y «de ahí cierta tendencia a evadirse de la actualidad inmediata, inabordable, de hecho, directamente, debido a una censura siempre vigilante, y a recurrir a menudo a las mediaciones de parábola, esópicas, que sugieren el estado de tensión y de incomodidad creadora, la voluntad de decir la verdad», el lector en español encontrará vivencias propias similares o podrá hallarlas no muy lejos de su casa y de su tiempo. El lujo de los poetas pobres, el lujo de las naciones pobres.

Por tanto, al hilo de lo formulado por Ion Pop, no debe extrañar que una de las ramas más robustas del árbol poético rumano sea la que emplea la ironía. Algo hay en ella que la hace idónea para abordar indirectamente lo que ha sido prohibido; profundiza, disecciona y hasta pone de relieve las contradicciones que nos rodean, mientras es capaz de tomar distancias y sortear las trabas de los regimenes autoritarios. En la ironía se posa la crítica a la realidad cotidiana, y desde ella emprende el vuelo el deseo de una vida más sincera y más libre. Ileana M□l□ncioiu, Marin Sorescu, Mircea Dinescu... ilustran la eficacia de este recurso, en cuya utilización también descuella la obra poética de Valeriu Stancu.

Con todo, conviene señalar la singularidad del poeta de Iaşi en el concierto de la literatura europea. En primer lugar, difiere tanto de aquellos poetas que, fuera de su tierra, escogieron por lengua literaria la del país que los acogió, como de quienes, en

Rumania o en la diáspora, han servido únicamente la lengua de su infancia. En efecto, conocemos un buen número de escritores que, desde el exilio o la emigración, optaron por el francés; así, Eugène Ionesco o Emil Cioran. También nos viene a la memoria la actitud de Norman Manea, quien, fiel a su idioma nativo, afirma con rotundidad: «Para el escritor, un exiliado por antonomasia, la lengua es su placenta». Desde su residencia en el norte de Rumania, aunque viviendo en una especie de «exilio interior», Stancu ha optado por el camino de en medio, y ha sabido alternar con parecida pericia el rumano y el francés, y tanto en uno como en otro ha alcanzado la excelencia además del reconocimiento. En cuanto a los poemas inéditos que *El lujo de los poetas pobres* nos regala, fueron escritos en su lengua materna.

Así, autor bilingüe, Valeriu Stancu goza de gran prestigio en su país y en el ámbito de la francofonía. Por ejemplo, mientras redacto estas líneas, aguarda como finalista el fallo del premio Mallarmé, el de mayor prestigio en Francia, por *L'insomniaque fusil de Rimbaud*, cual si fuera uno de los grandes autores nacidos por aquellos lares. En realidad, ha publicado directamente libros en francés también en Quebec, Bélgica y Luxemburgo, además de haber sido su obra vertida a más de veinte idiomas.

A un lado el bilingüismo, la singularidad de nuestro poeta se asienta sobre un difícil equilibrio: escribe entre la razón mordaz de la ironía y el sentimiento elegíaco del deseo o la esperanza incumplidos. En ocasiones, las encontramos, mordacidad y elegía, mezcladas, mientras que en otros poemas predomina aquella o esta. Lo elegíaco constata una y mil veces una impresión de orfandad y de pérdida, el sueño prolongado por inaccesible de un paraíso que nunca existió; como en este fragmento de «El reino de las palabras y la agonía del silencio»:

Reinos ilusorios,
en los que encontré mi vida
«y el poder y la gloria»,
porque solo reina el dolor
donde la esperanza
ha roto su ala,
abatida por el vuelo de lo efímero.

Y lo irónico, que en alguna circunstancia cede el paso al sarcasmo o a la causticidad, tiñe el mundo hasta ofrecérnoslo convertido en prueba irrefutable de su falta de verdad; léanse, por ejemplo, esos versos de «Navidad iluminada sin chucherías ni espumillón»:

Cuando era niño,
la casa de mis padres no tenía chimenea;
así que, para alegrarla,
los agentes de la policía secreta le prendieron fuego.

El resultado converge en una sensación de desamparo, transmudada la poesía no en una válvula de escape, sino en sangre verbal que nos recorre por dentro. Se trata de una experiencia interior que refleja el exterior en toda su deformidad, con el fin de enseñarnos así las enfermedades sociales, políticas, religiosas..., el conflicto moral o la soledad radical del ser humano. Así, la poesía de Valeriu Stancu no escatima acritud, acrecentada porque nos la presenta en contrapunto con lo ansiado o lo deseable. Esa indefensión, que hinca sus raíces expresivas en el tono levemente quejoso de tantos poemas, topa frecuentemente con el escarnio que deriva de la ironía, un escarnio que se dirige tanto al propio sujeto lírico como al referente temático. Ni el verso ni el poeta se refugian en la piedad, por lo que tiene que ser el lector quien decida hasta qué punto se deja llevar por la solidaridad compasiva o, por el contrario, prefiere aceptar la dureza de la mirada.

A fin de conseguirlo, la obra poética de Stancu, en general, y *El lujo de los poetas pobres*, en particular, recurre en la mayor parte de composiciones a imágenes visionarias o a asociaciones que transgreden, en un alto grado pero también en escasa medida, lo razonable. El libro avanza de este modo apoyado en comparaciones insospechadas y bastante insólitas, pero que cobran sentido como espejo de las fealdades y distorsiones que retratan.

Podría inferirse de todo ello que la actitud del poeta es distante, como si escribiera desde la displicencia y desde arriba, pero el lector de sus versos se equivocaría si bajara la guardia: por poco que se detenga en lo que Valeriu Stancu muestra y esconde, *El lujo de los poetas pobres* conmueve por su amargura. Se prefiere la hipérbole o la lítote a una exposición comedida, pero, incluso desde un barniz burlesco, se van sumando poema tras poema pulsiones negativas, inversiones, apariencias puestas al descubierto, anomalías y monstruosidades. En definitiva, el tono y la cercanía de un registro a menudo coloquial, a veces en estilo directo, engañan en un primer momento, si bien, al cerrarse el libro, este rezuma desconsuelo, aflicción. En realidad, directa o indirectamente, todos los recursos coadyuvan en ese paisaje de desamparo y carencias por el que cruzamos hasta el último verso.

Son bastantes los títulos de los poemas que explicitan el camino que van a seguir, y son muchos los motivos iniciales que determinan el desarrollo de toda la composición. El ritmo inicial se demora a veces, balanceado por los elementos comparativos, pero suele combinarse a renglón seguido con enumeraciones, que no provocan tanto una agilización del poema como el efecto de una insistencia, quizás obsesiva, mediante la yuxtaposición de sinónimos relativos. En esa arquitectura de alternancias, un comienzo remansado no indica una cadencia pausada, puesto que puede ser seguido por unos versos breves, de movimiento rápido. En cualquier caso, acostumbra a esperarnos un final dotado con la expresividad de la sorpresa. No encuentro mejor definición para elogiar este modo de escribir que aquel título de Baltasar Gracián: *El lujo de los poetas pobres* ejemplifica la «agudeza y arte de ingenio».

Stancu se vale asimismo de referencias literarias, particularmente de alusiones bíblicas, porque es experto en aprovechar las connotaciones de nuestro *background* cultural y porque su poesía añora al fin y al cabo una política, una religión, una sociedad acaso imposibles. Anhela un Dios y hasta una Realidad hechos a medida de las necesidades humanas y no pergeñados a nuestra semejanza. De ahí surgen la denuncia de lo experimentado y el hundimiento de cualquier parapeto anímico. Desde una base que se fundamenta en una crítica a la vez moral y ética, *El lujo de los poetas pobres* edifica una doble imputación, a la par social y existencial, dirigida al Creador pero asimismo a las creaturas.

Hay rabia y hay dolor debajo de una primera capa de escepticismo. Subyace en esta poesía la protesta de alguien que soñó un mundo justo, quizás porque eso aprendió de niño. Es probable que el poeta Valeriu Stancu y con él muchos de nosotros hayamos escondido la creencia en la bondad, predicada en los pupitres escolares de la infancia. Así hemos intentado sostener el envite de la madurez cuando hemos constatado que el mundo no se regía por las reglas que nos habían mostrado nuestros padres. De ese doloroso contraste entre lo aprendido o soñado y lo visto y vivido parecen brotar los versos de *El lujo de los poetas pobres*.

Durante muchos siglos hemos creído en la secular distinción del sabio Aristóteles: «No corresponde al poeta decir lo que ha sucedido, sino lo que podría suceder, esto es, lo posible según la verosimilitud y la necesidad», mientras que el historiador «dice lo que ha sucedido». Sin embargo, hoy la veracidad se ha desleído entre mentiras, la historia ha dejado de ser verosímil… y, leyendo *El lujo de los poetas pobres*, me he dado cuenta de que es la poesía la que nos dice «lo que ha sucedido» en el fondo y de verdad.

Josep M. Salva-Valldaura

SOBRE POETAS Y POESÍA

Poesía – puta con alma de virgen

Nunca he estado en casas de lenocinio
porque la poesía,
aunque puta,
tiene alma de virgen,
y hay que tentarla, no comprarla.
Ella no vende ni sus pensamientos,
ni la Palabra,
y baila
solo al ritmo que se impone.
A la poesía,
como a una mujer,
hay que amarla con el alma,
con el pensamiento,
con los sueños,
con las fantasías,
con el ser,
con la vida,
y no solo con la pluma condescendiente.

«Vivir para vivir»

¡Vivo!
¿Soy rey o siervo de las palabras?
¡Vivo! Al menos eso creo.
Comida tradicional,
compartida con sirvientes en las festividades del país.
Nadie entra y sale de mi vida,
sino yo mismo,
pues solo he sido
una ventana abierta al reino de nadie.
¡Vivo!
Y la muerte siempre me dice,
mirándome con ojos compasivos:
«¡Amigo, en la vida solo haces lo que puedes,
y no lo que quieres!».
Nunca fui más que un espejo errante
en el reino de ninguna parte.
Vivo, pero ¿estoy vivo?

La carga del silencio y el vuelo sin alas

El cuerpo
con todos sus dolores, sufrimientos,
degradaciones,
placeres, satisfacciones, éxtasis,
lo he descuidado desde siempre,
pero mi alma
                        la cuido día y noche:
la alimento con poemas y sueños.

La carga más pesada
que he llevado nunca
fue la carga del silencio:
del universo, del alma, de la palabra...

Si estoy en caída libre,
surge de la nada el ala del ángel
de un verso
tan bello como un sueño cumplido,
y me enseña a volar de nuevo.

Banalidades

¡Un día más!
¿Quién no desearía un día más?
¿Un día en que sus ojos apresaran todo el cielo,
su alma, todo el universo,
apresaran todos los sueños en lugares ocultos,
junto al tirachinas,
a los dados,
a los soldaditos de plomo,
a las pelotas,
a las muñecas,
a las heridas de la infancia?
Un día en el que imaginar
todo lo que nunca hizo en una vida,
en una eternidad,
en un amor.
Un día más, un velo más, un pacto más...
¡Un día más,
un exilio,
un ayer improbable!

El reino de las palabras y la agonía del silencio

Nadie sabe dónde comienza el silencio
y dónde terminará su agonía...

Nadie sabe dónde empieza el silencio
de las palabras,
de los sueños,
del universo,
de los silencios.

De madrugada, las hojas de los álamos tiemblan
su preocupación
por el destino de los reinos de la palabra
—autopistas colapsadas bajo el peso de los delirios.

Reinos ilusorios,
en los que encontré mi vida
«y el poder y la gloria»,
porque solo reina el dolor
donde la esperanza
ha roto su ala,
abatida por el vuelo de lo efímero.

Desde hace tiempo, la eternidad tantea mi alma,
como una sirena tantearía las olas,
como si las certezas quisieran desprenderla de mi cuerpo.

Nadie sabe dónde empieza el silencio
y dónde acabará su agonía...
Nadie sabe dónde acaba la revuelta de los corderos
y cuándo empezó a doler noviembre...

Estatuas de polvo

Los arcos con que el bosque canta su libertad
han empezado a quejarse, desafinados,
pues la marcha de las estrellas es solo una carga vana,
más aplastante que la gota primordial,
y me aleja del seno de la tentación.

Estatuas de polvo elevan las sendas de mis pasos
sin norte,
sin huida,
sin plegarias,
y, vagando por bosques de pensamientos, aprendí
que solo los vencedores conocen el precio de la
renuncia,
del silencio,
del sacrificio,
y se entregan sin miedos ni lamentos,
sin lutos ni piras,
porque la luz de sus altares
es un resquicio de eternidad
que los príncipes de lo cotidiano
no pueden alcanzar.

Se han oxidado los símbolos
de los molinos que nos legó el Quijote
desde que los bardos, los rapsodas, los juglares,
los trovadores, los poetas se olvidaron de soñar,
de maldecir,
de blasfemar,
de rebelarse,
de quemar su ser en la pira herética de la palabra.

La prisión de la mente frente a las tentaciones de la vida

«La higuera no da fruto si no siente la presencia humana,
así que Jesús se equivocó cuando la maldijo para que se
marchitase»,
me dijo hace dos décadas el poeta belga Francis Tessa,
que nació en la costa italiana.
La higuera infiel, el poeta —más pobre que Job—
predicando en el desierto...

A su manera, cada uno intenta
aprovecharse de las tentaciones de la vida,
ignorando que es la vida
quien se aprovecha de la prisión de su mente
para engañarlo
y aprisionarlo en el laberinto
de su propio universo.

El poeta que predica en el desierto ya no cabe en sus
propios pensamientos,
igual que sus versos ya no caben en las palabras.
No es de extrañar: ni siquiera los dioses caben ya en sus
propios cielos
y bajan a la tierra en las metáforas ligeras
como la espuma envenenada del mar,
y en los versos sin canciones, sin sueños, sin palabras
de los poetas que tan solo esos dioses perciben...
Sí, el aire nos respira como una obra de arte oculta,
condenada a no ser vista jamás.
¿A quién castigarán a caber dentro de sí?

La supervivencia del milagro

Los que llevan su buena fortuna en los ojos
como un penique en la palma de la mano,
los que han nacido bajo una buena estrella,
los que están hechos de sueños,
ilusiones,
esperanzas,
pueden sobrevivir a las guerras,
a las tormentas,
a las plagas,
a las errancias,
a los naufragios,
a la soledad,
pero lo más difícil es sobrevivirse a uno mismo,
así como el milagro sobrevive a quien lo creó.

Viviendo la poética de la supervivencia

El hombre no es solo un iconógrafo de la palabra,
un juglar errante,
o un guardián de los colores en el lienzo,
sino también un guerrero,
un carnicero,
un verdugo,
un traidor...

«Bienaventurados los pacificadores», dijo Jesús a
sus discípulos,
pero ¿existen hoy pacificadores
que no sean poetas que también se proclaman
«hijos de Dios»?

Nada puede exigirse a cambio del alma,
ni siquiera en una sinfonía de la tormenta,
ni siquiera cuando se vive una poética de la
supervivencia:
¡Fausto lo supo antes que nosotros!

Hannibal ante portas...

Sí, Serge Reggiani dijo una vez en una de sus canciones
«Les loups sont entrés dans Paris», pero, como Aníbal,
también pueden estar frente a las puertas de Roma...
Por eso ya los ve el poeta Dante Maffia.

Cuando el verano está a punto de terminar,
se unen
la nostalgia de la sombra
y la melancolía de la hoja.

El poeta al borde del sueño (1)

Últimamente, las gaviotas se alejan
mar adentro, cada vez más y más;
no les importa que desde la orilla no las vuelvan a ver.
«Porque la memoria es efímera»,
escribo mis pensamientos en flores de almendro lanzadas
a los cuatro vientos,
«la bouteille à la mer»,
sabiendo que incluso las estrellas escriben su futuro en
las estrellas.

Las causas nobles horadan verdaderos precipicios
entre la palabra y el hecho
y están más envenenadas que la guerra
entre aqueos y troyanos.
Incluso la propia muerte muere poco a poco,
y los discursos preparados de antemano
para la tranquilidad de los castillos de arena
al abrigo de las olas
se ven perturbados por el vuelo de las gaviotas,
por los terrores de las palmeras crucificadas en el cielo,
por los lirios que sangran en el polvo
y por la sonrisa astuta de los meteoros
al atravesar otro cuerpo celeste.

Y los discursos y los meteoros te apuñalan por la espalda,
fingiendo que lo hacen por tu bien.

El poeta al borde del sueño (2)

Últimamente, las gaviotas se alejan
mar adentro, cada vez más y más;
pero la gente siempre ha aprendido
a escribir y a leer,
a cazar y a pescar,
a amar y a odiar,
pero nunca ha aprendido a vivir.
Por desgracia, nunca aprende a sobrevivirse a sí misma.

Pasado un tiempo, el poeta permanece al borde del sueño,
porque el propósito de toda flor es la fragancia
y porque no se esfuerza en perfumar el cielo,
pero el sino de un poeta es transformar veintiocho letras
en un verso, un poema,
un desprenderse de sí mismo...

Arlequín enfermo de noche

Escribo, porque el escribir me concede ilusión de
eternidad:
«El poeta es un arlequín enfermo de noche,
sin cura.
Poesía —un recordatorio
para el momento en que nos encontremos
en la púrpura de las sombras y las sombras de las
púrpuras».
Los muebles deambulan por la casa en mi busca,
pero me he ido para encontrar mis pensamientos
que huyeron para renacer en poemas.
La taza de café, el portátil, las hojas llenas de notas
indescifrables
esperándome sobre mi escritorio
con una fidelidad aterradora,
como si formaran parte de mi dote genética.
Y vuelvo a escribir, porque el escribir me concede
ilusión de claridad:
«¿No te parece absurdo
que la gente siga creyendo
en el mito del revolucionario Che Guevara,
cuando —como resultó— no era sino
un mentiroso patológico,
un criminal odioso,
una escoria,
una basura que no merece llamarse hombre?».

Entre la muerte y la muerte

El poeta no tiene ser,
sino solo existencia.
Ama a todas las mujeres
y sobre todo a las que no se le entregan.
Escindido entre la muerte y la muerte,
tiene otra alma,
otros versos,
otros dominios eróticos
para cada mujer amada,
deseada,
y de cuya luz se aleja
cuando ella intenta desentrañar su universo.

Los manuscritos – senos floreciendo bajo los besos

Aterrado por mis propias profecías,
testigo mudo del azar,
oigo los ojos del tiempo
que se abren como senos floreciendo bajo los besos...
Pero agosto ha pasado,
como el tiempo de la oración...
¿Quién cuenta de modo implacable
mis senderos perdidos,
mis caminos errantes,
mis versos no escritos,
mis pensamientos infelices,
los amores perdidos,
las redenciones,
la inocencia de mis nietos,
el humo que sale de la chimenea
donde arden mis manuscritos?

Metáfora incomprendida

La mujer divinizada por el poeta
es una niña deseosa de huir al mundo,
que se detiene un instante,
asombrada por sus hábiles palabras:
diamantes
en la corona que le pone en la frente.
Ella esculpe la gloria del poeta
en el mármol de su cuerpo de metáfora
incomprendida.

Inutilidad

La felicidad, el brillo, la riqueza, la gloria
no llaman a la puerta de los poetas,
salvo para pedir la dirección de su vecino político,
que se ha encumbrado gracias a su partido
y ha robado al Estado
con negocios que le son rentables.
El ojo ciclópeo controla sus escritos,
sus pensamientos,
sus silencios...
Los poetas son necesarios
solo en el infierno de la guerra
y en los días de elecciones.
¡Debo dejar de escribir!

El lujo de los poetas pobres

Si «del luto nace Electra»,
entonces ¿quién dio vida al destino de Edipo?
¿De qué luto nacieron Séneca, Petronio,
Nerval, Voronca,
Tsvetáyeva, Sylvia Plath, Virginia Woolf,
Celan, Esenin, Pavese,
Hemingway, Gherasim Luca?
Sin su duelo,
¿habría cobrado vida Electra?
Quizá Eugene O'Neill nunca hubiera nacido.
Pero ¿necesita la poesía encarnarse,
requiere de pobres poetas que la reciten
en salas llenas de sordomudos?

La decrépita casa de la poesía

Tercamente,
siempre vuelvo a la decrépita casa de la poesía,
incluso cuando me da con la puerta en las narices.
He aprendido, desde mi adolescencia,
a meterme por la ventana en su habitación,
sin ser visto,
sin ser oído
(para nada humilde),
y así ver cómo la desnudan todos los mediocres,
todos los impotentes,
todos los usurpadores que cruzan su umbral,
y le rinden tributo para que ella no atestigüe
su nada,
su vacío.
La desnudan, pero no la aman.

No pueden amarla,
carecen de lo necesario.

La mirra envenenada de la eternidad

El agua de la vida brota de las mismas fuentes,
pero algunos la sorben de cálices de oro,
otros directamente de la palma de sus manos,
y la mayoría, de fuelles perforados
como un cedazo.
El verso brillante es como la verdad de los Evangelios:
nadie es su dueño absoluto.
Nunca muestra su rostro
excepto a los elegidos,
como si fuera la cara oculta de la luna.
Pero ¿cómo ha aprendido a reconocer
a los ungidos
con la mirra envenenada de la inmortalidad,
si su propio pueblo les niega la existencia?

Los manuscritos de los recuerdos

La embriaguez del vuelo se ha perdido en los cajones,
entre manuscritos arrugados,
cartas no leídas o no escritas,
fetiches en los que nunca creí,
recuerdos dispares, impúdicos...
Los juguetes se rompen
cuando aprendemos que el tiempo hace volar los
    momentos;
nunca han conocido la voluptuosidad de las cobayas
al luchar consigo mismas.

Eternidad limitada

Cada momento de sueño
es
una derrota de la libertad del pensamiento
para conquistar su infinitud.
Por eso,
cuando despierto,
escribo para quien mata mi
eternidad limitada poemas como
«La balada de mi amigo el verdugo»
o ensayos como el que he encontrado
hoy
cincelado en el córtex:
«Le rôle de la lettre d'adieu dans le suicide des pétales de lys».

De la arcilla de las palabras

Sepulturero macabro de los recuerdos,
la palabra es más imprevisible
que el mañana
y, en cualquier caso, más bella:
con ella puede hacerse un castillo de arena
o «puede construirse un mundo entero»,
igual que de la arena que lanza el viento
pueden obtenerse esquirlas de colores
o fabricarse los cristales más codiciados
para las arañas de las catedrales.
De las mismas palabras,
algunos crean solo basura,
otros, genialidad.
¿Quién será más feliz en su irrealidad?

El milagro del pensamiento en verso

Una amiga perdida en vida, pero no en el alma,
me dejó como recuerdo de su colección de vinos
(era una famosa enóloga)
unas cuantas botellas de Châteauneuf-du-Pape de 1979.
Se las regalé a unos amigos,
pero me quedé una y desde entonces busco
«un vrai connaisseur» para apreciar sus muchas cualidades,
de las que ni siquiera he oído hablar,
un amigo con quien sacrificarla en honor de Alicia,
la que se fue al país de las maravillas,
porque renuncié voluntariamente, hace medio siglo,
al milagro que convierte el pensamiento en verso.
Prefiero vivir mis propios poemas...

Insomnio seductor

Su destello plateado y serpentino es como la mordedura de las cumbres
sobre las que crece soberana
y desafía al abismo.
Es la reina de los sueños,
habita el insomnio de los poetas.
¡Seducción es su nombre!

Volver a sí mismo

«Canta, oh diosa, la cólera que encendió al Peleo
Aquiles»,
pero la cólera de la abjuración solo la canta Satanás.
Como canta el silencio de mi despacho acolchado
de diccionarios,
de enciclopedias
y objetos de arte traídos de todas partes,
con los espíritus de los libros,
ese despacho al que regreso cada vez que me echo de
menos.
El amor, con sus tentaciones, fija la imagen del momento
para que ningún futuro
pueda descolgarla de los cuadros.

Non omnis moriar

Algunos manuscritos dispersos,
algunos libros que envejecerán
y morirán en estanterías polvorientas,
los cuadros que miro cada día,
palabras sin sentido,
pecados que nadie conoce,
amores frustrados,
felicidades nunca alcanzadas,
una vida...

Las calles de nuestros pasos

En las historias de amor, las decisiones
son errores fatales.
Sin nada que decidir,
solo hay que dejar que el alma se exprese.
Nunca entendemos esta sencilla verdad.
Las calles de nuestros pasos no hablan con extraños,
por miedo
a que se tergiversen sus palabras,
sus historias,
sus parábolas,
sus paraísos...
A cada instante inventamos, reinventamos nuestra
historia,
como si viviéramos vidas ajenas.
Solo las estrellas del pensamiento encienden señales
de alarma
para los agujeros negros de la poesía.

El pasado que no he vivido

No me veo en ninguna
de las posiciones que me pueda ofrecer el futuro,
porque verme implica
un pasado
que no he vivido.
Los tiempos kafkianos me lo han robado.
Me basto a mí mismo
o, como decía con orgullo
en un poema de mi juventud,
¡«de mí eternamente a mí»!

Poesía - la lágrima que corre por la mejilla del paraíso

1

De noche,
todos los trenes corren hacia el mismo destino,
los árboles se exilian
para que nadie pueda pisarlos,
sin querer,
sus coronas, consagradas por el secreto;
los parques cierran por inventario
y cuentan sus briznas de hierba
para que nadie pueda profanarlas...

2

De noche,
los barcos abandonan los puertos
donde nunca anclaron.
En sus vientres condenados a la putrefacción
llevan ánforas meticulosamente elaboradas
que contienen
espíritus destinados al ahogamiento o al milagro.

3

De noche,
solo los poemas saltarán de los palimpsestos
y flotarán hacia el norte,
siempre hacia el norte.

4

Como hormigas de las profundidades de la tierra
saldrán a la superficie los palimpsestos
que, hace siglos, hace eternidades,
decidieron nuestro destino
y mantuvieron nuestros poemas
tácitos.

5

Los filósofos escribieron sobre dormir y desvelarse.
Nos limitamos a vivirlos según nuestras propias
invocaciones
(«Venga el sueño o venga la muerte»)
tomando nuestra parte de su magia.

Los poetas han escrito sobre la luz en el reino de las
sombras.
Nosotros solo las confundimos,
cuando las estrellas anunciadoras se desvanecen
y las estatuas se enfrentan a la eternidad del momento.

6

Si, en lugar de exiliarse las personas, se exiliaran
las casas,
¿qué le pasaría al viejo membrillo
de mi patio,
que ha estado observando mis falsedades
golpeando con sus ramas la ventana del despacho,
hacia la que se inclina cada vez con más ansiedad?

7

Los poetas escribieron sobre dormir y desvelarse.
Los filósofos escribieron sobre la luz en el reino de
la sombra.
Sobre la poesía,
que es la lágrima que corre por la mejilla del paraíso,
escribiré cuando el paraíso limpie sus mejillas
con palabras no inventadas.

8

Un domingo nací yo.
Sí, nací un domingo.
Estaba solo en el vientre de mi madre,
pero, a las dos de la madrugada,
el mundo me acogió en sus brazos.
Así que era domingo, y justo entonces
Cesare Pavese traspasaba
las estrechas puertas del juicio eterno.

9

Hoy sigue siendo domingo y sigo solo.
Y es mi cumpleaños.
A mi izquierda,
el Etna entra en espectacular erupción,
atrayendo a miles de turistas.
A mi derecha,
el Mediterráneo mece las barcas de los pescadores.
Encuentro de nuevo mis árboles favoritos: los cipreses.
Pues sí, estoy en Sicilia.
El mar platea mis ojos.
Un avispero de sueños al descubierto.
Es domingo.
Hoy nazco por septuagésima tercera vez.

10

Floto entre Escila y Caribdis,
pero no tengo,
como Ulises,
una paloma que me proteja
de la amenaza de las rocas
del dolor,
de la tristeza,
de la infelicidad.

¡Ojalá que,
al nacer,
en vez de un ángel de la guarda,
Dios nos diera esa paloma!

La Tumba del Poeta Desconocido

Aterrorizadas por las ambulancias,
las calles se sumergen en orgías.
Especialmente sexuales.
Impensables.
Tienen misteriosos lugares de encuentro,
donde una calle es seducida por un bulevar,
una callejuela es casi violada por un pasaje,
donde calles, callejones y callejas hacen el amor libremente.
Verdaderas bacanales, ¡un montón!
Y todo bajo la atenta mirada de un mercado,
tan pequeño como dotado de autoridad:
¡El Mercado del Libre Albedrío!

Basurero de palabras y sepulturero voluntario,
llevo años buscando la Tumba del Poeta Desconocido...

SOBRE LOS ACONTECIMIENTOS MILAGROSOS COTIDIANOS

Patriarcal

Los sillones de cuero envejecidos en la voluptuosidad,
las ventanas ennoblecidas por pesadas cortinas,
el vino hervido con canela, clavo y laurel,
sorbido en tazas de barro,
y los relatos,
frente al fuego de la chimenea,
las sombras de las llamas en los rostros,
en los muebles viejos,
en el alma,
son el privilegio de la Navidad
y no solo de los cuentos de hadas de la infancia.
Una Navidad envuelta en historias,
que nunca tuve en mi juventud.
Su poesía alisa las arrugas
en el alma de las mujeres,
irremediablemente enamoradas
por el instante que cercena su futuro.

El reino de ninguna parte

1 – sobre tesoros enterrados

Ninguna parte
es el único punto cardinal
cuya historia conozco.
Mis caminos no han aprendido
a llevar a Roma,
pero siempre me han conducido
al tesoro enterrado
bajo el trono donde nace el arco iris.

2 – encadenado en los altares de la noche

A las puertas de este reino
no patrullan los guardias,
no vigilan los soldados en las murallas.
Quien entra en sus profundidades
como un rey es recibido.
Soledades.
Mazmorras.
Silencios.
Y las estaciones que encadenan tu cuerpo
esclavizado en los altares de la noche.
¡Bendito seas, reino del dolor y la desdicha!

Y solo la palabra de muerte no tiene muerte

Debes tener hijos
hermosos,
bien educados,
obedientes,
para sacrificarlos en el altar de la patria
cuando quienes gobiernan
te lo exijan,
usurpando el nombre mismo de la patria,
por su propio bien.
Los hijos son las balas
que te matarán
en el preciso instante
en que la patria pondrá tu alma
ante el pelotón de ejecución...

Pensamientos que envejecen en los cuentos

He sorprendido a mis pensamientos envejeciendo
como un árbol de Navidad,
lastrado por demasiadas chucherías.
El alma perdida de un amigo
es el faro que guía a tu ser
hasta el amarre
de tus historias futuras.
El miedo del crepúsculo
se arrastra en el cantar del viejo bardo.
Pero el calor de los cuentos
narrados frente a la chimenea,
ante una taza de vino caliente,
es la quimera de los tiempos venideros,
que guían las almas de los amigos...

Herejías en la sien de la noche

Por la mañana, cuando los vapores del silencio,
de la humillación,
del sufrimiento
aún no han emprendido los caminos sin retorno
del despilfarro,
oigo los relojes de la casa
tic-tac en vano,
tic-tac en la calle del pensamiento,
tic-tac en la noche del sueño,
en el fluir de la calle...

Uno me habla de mi abuelo
ahorcado por los comunistas,
otro de su hermano menor
al que el médico personal del dictador
mató en la mesa de operaciones,
donde acabó tras un accidente de trabajo...
Los relojes y las calles hablan.
Basta con entender lo que dicen.

El fuego en los ojos de las estatuas

Homero parió sus guerras
de sus ojos endurecidos en estatuas
de sus ojos apagados como un fuego griego
que nadie más supo encender.
Nuestra libertad pagando un tributo
con el sabor metálico
de la guerra fratricida,
mantenemos vivas las drogas.

Curanderos del alma

Siempre que vuelvo a los lugares de mi infancia,
la calle me mira con miedo en los ojos,
como una novia
que no entiende las prisas
de su nuevo marido
por meterse en la cama.
De noche,
todos los trenes corren hacia el mismo destino,
los curanderos de almas
sangran con fórceps
el efímero momento en que se duermen en el cuerpo,
y los parques se exilian,
para que nadie pueda pisar sus coronas
consagradas en el misterio...

Espíritus ahogados

De noche, sin saberlo, los barcos abandonan los puertos
donde nunca han fondeado,
arrojando al océano, como recuerdo, los restos de los festines
que Lúculo ofreció a la ballena que se tragó a Jonás.
Los barcos, en sus vientres destinados a pudrirse,
transportan toneles cuidadosamente elaborados
que encierran espíritus condenados a ahogarse...
Solo emergerán los poemas
entre olas de plomo fundido,
brotarán de los palimpsestos
y flotarán hacia un Norte imposible...

El legado de los palimpsestos

Como topos en las profundidades de la tierra,
como hormigas entre piedras y muros,
como sangre del muro del Kremlin
emergerán
los palimpsestos
que hace siglos decidieron nuestro destino.

Destino —una baraja,
con todos los ases en la mano de Dios.

El sueño de los supervivientes

Desde hace un tiempo —no puedo decir desde cuándo,
porque todo se mantiene en secreto,
como las ordenanzas de emergencia de los Gobiernos—,
las calles de mi barrio han enloquecido,
al amparo del sueño tranquilo
con el que la noche arropa a la gente.
De hecho, cabe decir que a los supervivientes
solo les queda una cosa: dormir.
Cuanto más profundo,
más largo,
más tranquilo,
tanto mejor
para la paz de los gobernantes indignos
y del Juez insomne.

La maldición de las profecías

La palabra reniega de sus significados
cuando callan los manantiales entre las orillas
y callan los puntitos de los dados
y callan los pájaros en el nido,
cuando callan los rayos en la luz,
y callan los pechos bajo el beso
cuando calla el tiempo venidero
bajo la maldición de las profecías.

La eternidad de las alas de las mariposas

El vientre materno es la obra de arte más enigmática.

Su eternidad no perdura en la piedra,
sino en el polen de las alas de las mariposas
guardianas de una tradición
que ni siquiera el crítico de arte más sagaz
ha canonizado aún.

El pilar del silencio

El anillo de compromiso de la firmeza de la tierra
con la soledad y la versatilidad de la luz,
el santuario donde se había sacrificado el verbo,
anunciaba,
por el aura de sus víctimas,
que nacería un pilar del silencio
en el corazón de la ciudad arrodillada.

El estigma del amor

En mi niñez, pensaba que, debido a la abstinencia,
las religiosas devoraban a los hombres
cuando tenían la oportunidad de hacer el amor.
Más tarde, supe que solo los insectos tenían este hábito
en sentido propio,
y las religiosas, solo en sentido figurado...
El talón de los imbéciles,
que se multiplican tan fácilmente como respiran,
aplasta la serpiente de la esperanza...

Sobre la tentación y el proselitismo

El diablo flirtea con la manzana del Edén
y enseña los significados de la palabra
«proselitismo»,
colándose por la hoja que Adán usó
para ocultar su vergüenza.
¿Qué escriba,
qué filólogo,
qué semiótico, eternizó en la hoja
tanga de Eva
la palabra «tentación»,
si aún no había aparecido la escritura?

Cadenas, barrotes, mazmorras, pensamientos...

«¿Y el corazón?», deslizo
una pregunta mayéutica socrática.
El corazón tiene el color rojo
de los pétalos de rosa
sobre los que han caído gotas
de la sangre de Jesús,
tiene el color rojo
del verso en el que Homero nos habla
de la ira de Aquiles el Peleo.

Cincelar la lava de las partidas

El pan que pedimos al padre nuestro en oración,
los vapores de los licores matinales de una cocina
eternamente
cargada de tentaciones,
los grilletes domésticos
de lujuria y sabor
cincelan en la lava de las partidas
cadenas, barrotes, mazmorras,
no sea que la estatua de Mirón
emprenda el vuelo junto al disco que lanza.

Arden pobres velas

Tras llenar sus furgones,
enrejados, claro está,
se fueron triunfantes con su botín;
los gendarmes dejaron atrás
a gaseados,
mutilados,
moribundos...

En los rincones más protegidos de la plaza,
pobres y sumisas velas arden
por las almas de las víctimas
del «socialismo con rostro humano»
de un presidente criminal.

Las putas del azar

Los puntos cardinales,
putas del azar,
ruedan con los dados.
Por otra parte, las veletas de los tejados de las casas,
al no querer estar a la merced
errante de los vientos,
han endurecido su danza eólica
y miran la ciudad con sus bulevares, parques,
monumentos,
mansiones y coches de lujo,
pero sin alma.

La tristeza de las calles dormida bajo los pasos

1 – la luz del reino de las sombras

Las calles no luchan contra los montones de basura,
ni contra las casas que mueren aplastadas por las paredes,
sino contra el cáncer de los recuerdos.

2 – ventanas ciegas

Las calles luchan contra el cáncer de los recuerdos
como tú luchas contra el hedor de las alcantarillas,
como tú luchas contra una ventana ciega
congelada en la luz,
a la que te gustaría poner cortinas de plata.
En la sala de música,
las patas del piano se pudren,
como si estuviera en la bodega del Titanic.
Solo el viento sigue haciendo temblar sus teclas...

3 – en el camino de la incertidumbre

Los relojes de las hierbas marcan el momento en que
los huertos se sacrifican en el altar del aguardiente.
La pobreza cincela los alambiques
para las historias de amor de las calles
que se aman en secreto, para no parir
plazas de aparcamiento con peaje electrónico.

En mi calle, las ambulancias
han sustituido a los coches Volga,
tan negros como el alma de las noches
en los que la Securitate se llevaba a nuestros padres,
a nuestros vecinos,
a nuestros amigos,
a nuestros años,
camino de direcciones para siempre desconocidas.

4 – ... pereat mundus

La estación, según una lógica que nadie entiende,
atrae a las putas y a los perros callejeros.
Después de las putas,
vienen los soldados de los dos regimientos de la ciudad.
Después de los perros
no viene nadie,
ni siquiera el servicio de recogida de vagabundos,
ya sean humanos,
animales
o sueños.
En las noticias nunca se habla de la tala de los bosques
con el consentimiento de los responsables,
ni sobre los culpables que esconden
tras imaginarias inmunidades
la miseria del cuerpo y, sobre todo, del alma.

5 – volver a los viejos amigos

En la casa de mi amigo el verdugo
se han reunido a lo largo del tiempo
testimonios y misterios aún sin resolver.
Las historias de amor están escritas
en letras muy grandes,
en piedra,
en sangre,
en silencios.
Pero invisibles en los frescos
están los rastros de asesinatos, traiciones, rupturas,
olvidos…
Y solo ojos de cera podrían verlos
si las gaviotas regresaran a la orilla...
Para que el milagro de la Navidad cumpla su misterio,
el verdugo ruega a la Virgen el perdón por los
pecados desconocidos
de los desconocidos.

El agua viscosa de la memoria

El patio de mi casa es una verdadera jungla
y cada vez que me lleno de valor para aventurarme
en las profundidades de sus trampas
me acuerdo de que en Hanói
todavía existen lugares carcomidos por el cáncer de
la guerra:
bombarderos B-52 semienterrados
en los lugares donde cayeron al ser derribados,
ahora charcos profundos,
con agua tan viscosa y pesada como el pecado,
un agua verde y pestilente,
invadida por algas flotantes,
filamentos lenticulares
y remordimientos.

Armero del arco iris

Las cacerolas de la cocina
rescatadas del incendio provocado por la policía
secreta de la dictadura
cabían de sobra en un hornillo.
Parecían soldados liberados de la prisión bolchevique:
astilladas, tiznadas, deformadas.
Llevaban en su esmalte las heridas de los campos de
batalla:
recuerdos cegadores, turbios, borrosos, sombríos,
de comidas soñadas y nunca probadas
en el deseo.

Navidad iluminada sin chucherías ni espumillón

Cuando era niño,
la casa de mis padres no tenía chimenea;
así que, para alegrarla,
los agentes de la policía secreta le prendieron fuego.
Era justo antes de Navidad y Año Nuevo,
y las llamas que engullían nuestra casa
se elevaban hacia el cielo, como los fuegos artificiales:
alegría sustituida por el miedo y el terror.
Entonces vi mi casa adornada por lenguas de fuego,
como el árbol de Navidad que mis padres
habían decorado con chucherías y espumillón.
Fue la Navidad más «brillante» de mi vida,
me hechizó, y para siempre envenenó mi sangre
contra el comunismo.

Guarda… et passa!

¿Cuántos cazadores, pioneros, exploradores, aventureros
tuvieron que ser cazados
por todos los «salvajes» rincones del planeta
para que la humanidad pasara del arco con flechas
envenenadas
al veneno del metal escupido incesantemente por
ametralladoras,
cañones, tanques y otras bocas de fuego?
«Pero del veneno más mortífero,
el de la palabra, ¿por qué no hablas?»,
me pregunta insinuante la profunda voz
del comandante de mi vuelo
nel cammino della vita:
un Dios que he creado a mi imagen y semejanza.

Luz cincelando estatuas

Si un día me encuentro conmigo mismo,
me diré todo lo que nunca me atreví
a escribir sobre mí.
Si el silencio destrozara los tímpanos,
todos los ángeles serían sordos.
Si todavía no me has conocido
significa que no he merecido existir y que realmente
no existo.
Si la luz cincelara las estatuas,
mi mirada sería la galería silenciosa de tus retratos
que no quieren envejecer.
Si
—un condicional que no tiene madre, ni padre,
sino solo un feroz deseo de eternidad...

El sermón de la montaña...

Para domeñar un caballo salvaje,
primero hay que leerle el Sermón de la Montaña de Jesús,
el de las Bienaventuranzas, y decirle
«Bienaventurados los mansos, porque ellos heredarán la tierra».
Desde mi solemne solsticio, han volado
los saltamontes, los vencejos, los lirios, los orgullos, las bienaventuranzas...
Pronto las encontraré en la tierra bíblica de Capadocia,
donde los sementales nacen de los sueños de un sultán.

... Y lo políticamente correcto

Ya no hay campanas en la ciudad,
porque su tañido no es políticamente correcto.
Además, hace tiempo que los bárbaros nos
invadieron...
Si el sol brilla
es
porque sus rayos nacieron en los ojos ciegos
de un armero de arcos iris.

Alas que echan brotes

El perdedor en la mesa de juego es un pobre avión que,
tras esperar demasiado en tierra,
ha olvidado cómo despegar,
porque sus alas han echado brotes.
Los árboles del jardín observan estoicamente
el humo que sale por la chimenea.
Sus raíces apuestan su savia a la ruleta rusa
para ganarse un lugar en el paraíso de las raíces,
y un día las Escrituras
enviarán a sus apóstoles al destierro
para perdonar los pecados de los ídolos.

La abuela y la interpretación de la Biblia

La abuela tenía recetas y métodos
que solo ella conocía,
y que convertía en sabrosos platos.
Con ellos deleitaba a la casa entera:
a los hijos de los vecinos más pobres,
cuyos padres, como mi madre,
eran «huéspedes» en las cárceles comunistas,
pero también a cinco mil hambrientos del desierto
que no conocían la interpretación de la Biblia.

Las estatuas volátiles de la eternidad

Regresar al nido sucede solo en nuestra imaginación
y, como lo digo siempre,
jurar no es sino un vuelo de pájaros ciegos.
Por eso la eternidad solo esculpe estatuas de aire…

Pira

Los otoños tienen su canción
cuando el verano enciende su pira
sobre la ciudad desierta.

Patriae solum omnibus carum est?

Un país que expulsa a sus hijos de su seno,
pues quiere estar tan desolado como un mausoleo
erigido sobre el eco
de las llamas de un infierno
que brota detrás de los silencios.

Sórdida habitación de hotel – la vida

Las habitaciones de hotel, con sus muebles impersonales,
las habitaciones de hotel, nunca asediadas por los
recuerdos,
las habitaciones de hotel, que nunca habitan nuestra
memoria,
son como las pistas de esquí:
te deslizas por ellas sin darte cuenta
y nunca te preguntas
cuántas personas han gozado de sus tentaciones, allí,
antes que tú.
Sórdida habitación de hotel: la vida.
Y al buen Dios, ni siquiera puedes,
ni siquiera sabes
dejarle, cuando quieras, la llave
en recepción.

La voz interior ausente

¿Por qué debemos apedrear el hormiguero,
si somos las hormigas que lo levantaron?
Además, ¿tenemos derecho a tirar la primera piedra?
«¡Pregúntale a Jesús!»,
me aconsejaría ahora la voz interior,
que guía mis instintos, mis pensamientos, mis palabras
y mis obras.
Pero ha huido en barcos de humo,
para descubrir una isla del tesoro desolada
llevando en su mente
los mapas trazados
según el rastro de mis palabras calladas.

Paremiológica

Viví la época de las patrullas
cuando nada estaba permitido.
La calle era el reino del abuso policial:
«¿De dónde vienes?»,
«¿Adónde vas?»,
«¿Por qué andas de noche?»,
«¿Qué llevas en el bolso? ¡Enséñalo!»,
«¿Dónde trabajas?»,
«¿Eres un parásito?».
Entonces comprendí el significado del refrán:
¡De noche, todos los gatos son pardos!
La nuit tous les chats sont gris!
Di notte, tutti i gatti sono bigi!
Noaptea toate pisicile sunt negre!

Autorretrato con la soledad de Dios

¡No, no estoy bien, se me olvidó morir!
Echo de menos el tiempo que me malgastó,
recojo el polen de las mariposas que no vuelan
y, como un misterio, me convierto en mito.

Toda mi vida he recogido pinceladas para un
«Autorretrato con la soledad de Dios»
y ahora lo sé:
los árboles que crecen en el Valle de las Lágrimas;
el orden en que me han dejado mis amores;
cuántas arrugas me ha dado
cada pensamiento sin comprensión apenas,
cada paso sin camino...
Y también sé con qué saliva de qué labios
se hicieron las nubes
que alzaron mis párpados hacia mí,
como hacia un icono milagroso.

Altar guiado por la estrella de las tormentas

El santuario es tan solo un espejo errante
de tinieblas,
pero ¿qué luz atraviesa las vidrieras,
para cegar los signos
del «manual del buen cristiano»?
Sin cesar,
oigo la llamada del sueño
nevado
en el grito del canario
dentro de la jaula de las solemnidades
como el mar en la cota de malla del puerto.

Y el altar,
siempre guiado por la estrella de las tormentas...

Moi qui criais famine...

No sé si mi abuelo me habló alguna vez,
pues yo tenía dos años y dos meses
cuando se suicidó por culpa de los comunistas,
pero mi abuela,
con sangre principesca del Peloponeso,
mi abuela,
una ciudad envejecida en sus propios sueños,
con muros hechos de glorias efímeras
como las llamas de los recuerdos,
mi abuela,
esforzándose por mantenernos a todos en vida,
mientras el servicio secreto perseguía a su familia,
sobrevivió al abuelo durante un cuarto de siglo.
Un cuarto de siglo de soledad,
humillación, sufrimiento y, sobre todo, hambre.

No vivió lo suficiente
para ver como me levanto de la mesa,
saciado.

... Et vive la patrie!

En primavera,
el guiso de ortigas y dientes de león,
con judías torturadas y retorcidas,
pequeñas como la metralla que mató a mis tíos
en la guerra contra la Rusia soviética,
abriendo las puertas del abismo...

En otoño,
la patria comunista nos ofrecía auténticos festines
con setas escondidas en el rocío de los bosques,
entre los escaramujos, las espinas y las zarzas,
lejos de la mirada de los hambrientos,
con hongos salvajes, pequeños y achaparrados,
a cuyo nombre debo el apodo familiar de «honguito»,
porque yo era salvaje, pequeño, achaparrado como
  ellos
y era yo quien mejor los encontraba.

Por aquel entonces,
mis ojos no sabían mirar con la imaginación,
como ahora.

Historia del pintor ciego

El fuego no le quitó la vida,
pero le robó la vista.
Al quedarse ciego,
empezó a pintar, porque veía con los dedos.
Con sus dedos,
podía ver cuando sus compañeros
—infelices, lamentables, celosos—
escondían sus pinturas:
«Fuego, ¿dónde habéis escondido mi fuego?»,
preguntaba a diestro y siniestro
buscando el color rojo.

Los mejores museos del mundo empezaron a
pelearse
para adquirir sus obras maestras.
Pero el museo más bello del mundo era el de su alma,
donde alojaba los lienzos
que sus dedos todavía no sabían leer.
Al cabo de un tiempo,
empezó a correr el rumor,
un rumor reforzado por todos los guardias
que custodiaban los tesoros del museo,
de que por la noche
los personajes bajaban de las obras del Maestro Ciego
y corrían arriba y abajo por los pasillos
para apagar los incendios
que habían provocado
al huir de las mazmorras de sus cuadros.

Un cuento de los mares del sur

Una vez, cuando era soldado en los mares del sur, oí
la historia de amor entre un pobre pescador
y una sirena a la que bautizó como Ania-Rosa:
vivía en una choza, era más pobre que Job,
ni siquiera tenía agua para beber,
pero noche tras noche,
con una voz tan bella como un sueño,
cantaba su amor...

Una y otra vez, noche tras noche,
el candelabro de las estrellas
tendía sus brazos sobre la barca del joven,
diciéndole que su loco amor lo llevaría a la perdición,
y cuando la sirena, al atardecer,
se enamoró del pobre pescador,
lo arrastró a las profundidades desconocidas...

Y, en efecto, desde entonces,
en mi pequeño petate de soldado exiliado en
primera línea de los cuentos,
el bastón del mariscal ha empezado a brotar.

La marcha de las estrellas y la mesa de los pobres

Siento el movimiento de las estrellas,
una carga codiciosa,
y en la mesa de los pobres, me di un festín
hasta que aprendí a morir como Eminescu.
La marcha de las estrellas y la mesa de los pobres
han sido para mí insidiosas obsesiones,
como las pelucas nubladas del globo
empolvadas por los políticos
que quieren cubrir la calvicie de los milenios
que lo desgastan…

Sancta simplicitas!

Las Escrituras engendran verdades
inquebrantables,
con la lógica del «¡cree y no preguntes!».
Sancta simplicitas!
Mis labios nunca pronuncian
esa verdad inconfesable,
y mis ojos nunca la ven:
es
un discípulo en busca de un maestro,
un apóstol en busca de un Jesús,
al igual que los seis personajes de Pirandello
están eternamente en busca de un autor.
No siempre los caballos más veloces
son los primeros en llegar a la meta.

Las carreteras y el vuelo

Mi propio pasado me sorprende a menudo:
se remodela
según los caprichos de un futuro
que solo él conoce.
Los caminos
—más lisos, más rápidos, más escabrosos,
más rectos, más sinuosos—
por los que mis pasos me han conducido sin saberlo,
nunca fueron míos.

Surgen de mí mismo
como el agua que brota de una roca golpeada por el
    bastón del mago.

¡Alabada seas, oh muerte, ciudad de la última lujuria!

La trama de los incumplimientos

Todos tenemos fantasías,
delirios de la mente,
pero cada uno los vive a su manera,
por misteriosos confines del mundo
imaginarios o reales
que le fascinan,
esculpiéndolos a partir de sus propios
incumplimientos.
Una especie de Godot:
nadie sabe cómo es,
nadie sabe cómo llamarle
o si hay que seguir a su espera.
Sócrates murió tragándose su cicuta,
no tuvo paciencia para esperarnos,
así que ya no puede ayudarnos con su mayéutica.

Peregrinaje a ninguna parte

Mirada sin horizonte,
la incredulidad
hace latir el corazón
solo en la oscuridad primordial,
la oscuridad que baña
mi peregrinaje
hacia un no-lugar que el destino persigue.

El legado de don Quijote

En aquella noche de misterio, silencio y soledad,
—una noche sin límites ni sueño—
cuando don Quijote me nombró heredero de su
    hacienda,
sentí que su corazón se había cansado
y rondaba mis deseos,
donde quería reposar sus quimeras,
sus ilusiones,
sus derrotas,
sus pecados,
sus decepciones,
y sobre todo sus Dulcineas...

Al día siguiente,
de madrugada,
cuando los molinos de viento despertaban sus egos,
un pequeño pavo real,
orgulloso,
se paseó por mi jardín,
hermoso como un cáliz lleno de néctar y ambrosía,
o como una tentación insatisfecha.

Desde aquella noche de misterio, silencio y soledad
—una noche sin límites ni sueño—
supe que tenía el don de leer
los labios de los muertos.

ÍNDICE

SOBRE LOS ACONTECIMIENTOS MILAGROSOS COTIDIANOS

Este libro se terminó de editar en Granada
en marzo de 2026 por

www.aversopoesia.com
hola@aversopoesia.com